Dr. Oetker

Kühlschrank*Torten*

Kühlschrank *Torten*

Dr. Oetker Verlag

Vorwort

Backen ohne zu Backen
– nicht nur im Sommer
eine prima Alternative.
Es ist ganz einfach:
Biskuit, Kekse oder Waffeln
werden im Ganzen oder
zerbröselt zu Böden
oder Zwischenschichten
verarbeitet und mit Obst,
Sahne, Quark oder anderen
leckeren Milchprodukten
zu phantasievollen
Kühlschrank-Kreationen.

Nach einem Gastspiel im
Kühlschrank warten die
coolen Köstlichkeiten dann
nur noch darauf, von Ihnen
vernascht zu werden.

Himbeertorte
mit Joghurtcreme

Zubereitungszeit: etwa 40 Minuten, ohne Kühlzeit
Insgesamt: E: 63 g, F: 206 g, Kh: 386 g, kJ: 15831, kcal: 3780, BE: 32,0

1 Springform (Ø 26 cm), Backpapier

Zutaten:

Für den Tortenboden:

12	Zwiebäcke
200 g	Nuss-Nougat

Für die Creme:

6 Blatt	weiße Gelatine
300 g	Vollmilchjoghurt (3,5 % Fett)
150 g	saure Sahne
50 g	Zucker
1 Pck.	Dr. Oetker Vanillin-Zucker
1 Pck.	Dr. Oetker Finesse Geriebene Zitronenschale
3–4 EL	Zitronensaft
250 g	Schlagsahne

Für den Belag:

500 g	Himbeeren
2 Pck.	Dr. Oetker Tortenguss, rot, ungezuckert
4 EL	Zucker
200 ml	roter oder schwarzer Johannisbeernektar
300 ml	Wasser
40 g	abgezogene, gehobelte Mandeln
125 g	Schlagsahne

1. Einen Bogen Backpapier auf den Boden der Springform legen und mit dem Springformrand straff einspannen.

2. Für den Tortenboden die Zwiebäcke in Stücke brechen und in einen Gefrierbeutel geben. Den Beutel verschließen, die Zwiebäcke mit einer Teigrolle fein zerbröseln und in eine Schüssel füllen.

3. Nuss-Nougat in eine Metallschüssel geben, einen kleinen Topf $1/3$ hoch mit Wasser füllen, die Schüssel in das Wasserbad setzen. Das Ganze bei schwacher Hitze erwärmen, bis der Nougat unter gelegentlichem Rühren geschmeidig ist. Nougat und Zwiebackbrösel verrühren.

4. Die Bröselmasse in der Form verteilen und mit einem Löffel gut andrücken. Den Boden kalt stellen und fest werden lassen.

5. Für die Creme Gelatine nach Packungsanleitung in kaltem Wasser einweichen. Joghurt, saure Sahne, Zucker, Vanillin-Zucker, Zitronenschale und -saft verrühren. Die Gelatine leicht ausdrücken und in einem kleinen Topf bei schwacher Hitze auflösen (nicht kochen). 4 Esslöffel der Joghurtmasse unter die Gelatine rühren, dann die Gelatinemasse unter die restliche Joghurtmasse rühren. Kalt stellen.

6. Sobald die Masse anfängt zu gelieren, Sahne steifschlagen und unterheben. Die Creme auf dem Tortenboden verteilen und glattstreichen. Die Torte mindestens 2 Stunden kalt stellen.

7. Für den Belag die Himbeeren verlesen und auf der Torte verteilen. Aus Tortenguss, Zucker, Nektar und Wasser nach Packungsanleitung einen Guss zubereiten und auf den Himbeeren verteilen. Die Torte kalt stellen, bis der Guss fest geworden ist.

8. Mandeln in einer Pfanne ohne Fett hellbraun rösten, auf einen Teller geben und erkalten lassen. Die Torte mit einem Messer aus der Springform lösen, den Springformrand entfernen. Die Torte mit einer Palette oder einem Heber vom Backpapier auf eine Tortenplatte geben.

9. Die Sahne steifschlagen. Den Tortenrand dünn mit Sahne bestreichen und mit Mandeln bestreuen.

Knusprige Schokotorte

Zubereitungszeit: etwa 40 Minuten, ohne Kühlzeit
Insgesamt: E: 96 g, F: 362 g, Kh: 392 g, kJ: 22288, kcal: 5326, BE: 32,5

1 Springform (Ø 26 cm), Backpapier

Zutaten:

Für den Knusperboden:

2	Erdnussriegel (80 g, z. B. von Mr. Tom)
100 g	Haferfleks (z. B. von Kölln)
150 g	Zartbitter-Schokolade (50 % Kakao)
20 g	Butter

Für die Creme:

6 Blatt	weiße Gelatine
1 Pck.	Dr. Oetker Pudding-Pulver Schokoladen-Geschmack
50 g	Zucker
500 ml (½ l)	Milch
100 g	Zartbitter-Schokolade (50 % Kakao)
200 g	Schmand (Sauerrahm, 24 % Fett)
200 g	Schlagsahne
1	Erdnussriegel (40 g, z. B. von Mr. Tom)

Zum Verzieren und Garnieren:

1	Erdnuss-Riegel (40 g, z. B. von Mr. Tom)
200 g	Schlagsahne
30 g	Zartbitter-Schokolade (50 % Kakao)

1. Einen Bogen Backpapier auf den Boden der Springform legen und mit dem Springformrand straff einspannen.

2. Für den Knusperboden Erdnussriegel grob hacken und mit Haferfleks mischen. Schokolade grob hacken und mit der Butter in eine Metallschüssel geben. Einen kleinen Topf ⅓ hoch mit Wasser füllen, die Schüssel in das Wasser setzen. Das Ganze bei schwacher Hitze erwärmen, bis die Schokolade unter gelegentlichem Rühren geschmolzen ist. Die Schüssel aus dem Wasserbad nehmen.

3. Schoko-Butter-Masse mit dem Erdnuss-Haferfleks-Gemisch vermengen, in der Form verteilen und mit einem Esslöffel gleichmäßig andrücken. Knusperboden kalt stellen und fest werden lassen.

4. Für die Creme Gelatine nach Packungsanleitung in kaltem Wasser einweichen. Aus Pudding-Pulver, Zucker und Milch nach Packungsanleitung einen Pudding zubereiten.

5. Gelatine leicht ausdrücken und unter Rühren in dem heißen Pudding auflösen. Schokolade hacken und unterrühren. Pudding unter gelegentlichem Rühren etwas abkühlen lassen. Schmand unterrühren. Sahne steifschlagen und unterheben. Erdnussriegel hacken und unterheben.

6. Puddingcreme auf den Knusperboden geben und glattstreichen. Die Torte mindestens 4 Stunden kalt stellen.

7. Die Torte mit einem Messer aus der Springform lösen, den Springformrand entfernen. Die Torte mit einer Palette oder einem Heber vom Backpapier auf eine Tortenplatte geben.

8. Zum Verzieren den Erdnussriegel hacken. Die Sahne steifschlagen und in einen Spritzbeutel mit Lochtülle (Ø etwa 12 mm) füllen. Dicke Sahnetupfen auf den Tortenrand spritzen.

9. Schokolade in Stücke brechen und im Wasserbad, wie unter Punkt 2 beschrieben, schmelzen. Gehackten Erdnussriegel mittig auf die Torte streuen. Schokolade in einen Gefrierbeutel füllen, eine kleine Ecke des Beutels abschneiden. Die Torte mit der Schokolade besprenkeln. Schokolade fest werden lassen.

Tipp: Anstelle der Erdnussriegel können Sie auch Cashew-Erdnuss-Mix mit Honig und Salz (z. B. von Ültje) verwenden.

Weiße Zitronen-Flakes-Torte

Zubereitungszeit: etwa 45 Minuten, ohne Kühlzeit
Insgesamt: E: 74 g, F: 215 g, Kh: 416 g, kJ: 16792, kcal: 4004, BE: 34,5

1 Springform (Ø 26 cm), Backpapier

Zutaten:
Für den Tortenboden:

200 g	Vitalis Knusperflakes mit gerösteten Mandeln
150 g	weiße Schokolade
75 g	Butter

Für den Belag:

7 Blatt	weiße Gelatine
200 g	Schlagsahne
1 Pck.	Quarkfein, Zitrone (Dessertpulver)
250 g	Speisequark (20 % Fett)
300 g	Vollmilchjoghurt (3,5 % Fett)
1 Pck.	Dr. Oetker Finesse Geriebene Zitronenschale
50 g	Zucker

Zum Garnieren:

1	Zitrone
etwas	Zitronenmelisse

1. Einen Bogen Backpapier auf den Boden der Springform legen und mit dem Springformrand straff einspannen. Ein Schneidbrett mit Backpapier belegen.

2. Für den Tortenboden Knusperflakes in einen großen Gefrierbeutel geben. Den Beutel verschließen und die Flakes mit einer Teigrolle zerbröseln.

3. Schokolade grob zerkleinern. Butter in einem Topf zerlassen und von der Kochstelle nehmen. Schokoladenstücke unter Rühren in der Butter auflösen, anschließend die Flakes-Brösel unterrühren.

4. Mit zwei Teelöffeln 12 haselnussgroße Portionen der Flakes-Masse auf das mit Backpapier belegte Brett setzen und kalt stellen. Restliche Flakes-Masse in der Form verteilen und mit einem Löffel andrücken. Tortenboden etwa 20 Minuten kalt stellen.

5. Für den Belag Gelatine nach Packungsanleitung in kaltem Wasser einweichen. Sahne steifschlagen. Dessertpulver mit Quark verrühren, dann Joghurt, Zitronenschale und Zucker unterrühren. Gelatine leicht ausdrücken und in einem kleinen Topf bei schwacher Hitze unter Rühren auflösen (nicht kochen).

6. Etwa 4 Esslöffel der Creme mit einem Schneebesen nach und nach unter die aufgelöste Gelatine rühren. Dann die Gelatinemasse mit der übrigen Creme verrühren. Wenn die Creme beginnt dicklich zu werden, die Sahne vorsichtig unterheben. Die Creme in die Form füllen, wellenförmig verstreichen und 2–3 Stunden kalt stellen.

7. Die Torte mit einem Messer aus der Springform lösen, den Springformrand entfernen. Die Torte mit einer Palette oder einem Heber vom Backpapier auf eine Tortenplatte geben.

8. Zum Garnieren die Zitrone schälen, dabei die weiße Haut mitentfernen. Die Fruchtfilets herausschneiden und auf Küchenpapier abtropfen lassen. Die Torte mit den Knusperhäufchen, Zitronenfilets und Zitronenmelisse garnieren.

Pflaumen-Knusper-Torte

Zubereitungszeit: etwa 50 Minuten, ohne Kühlzeit
Insgesamt: E: 75 g, F: 147 g, Kh: 324 g, kJ: 12516, kcal: 2990, BE: 27,0

1 Springform (Ø 26 cm), Backpapier

Zutaten:

Für den Tortenboden:

100 g	Butter
70 g	Amarettini (italienisches Makronengebäck)
100 g	Löffelbiskuits

Für den Belag:

400 g	reife Pflaumen
6 Blatt	weiße Gelatine
300 g	Vollmilchjoghurt (3,5 % Fett)
25 g	Zucker
300 g	Schlagsahne

Zum Garnieren:

einige	Pflaumen
1–2 EL	Vitalis Knuspermüsli

1. Einen Bogen Backpapier auf den Boden der Springform legen und mit dem Springformrand straff einspannen.

2. Für den Tortenboden die Butter in einem Topf zerlassen. Amarettini und Löffelbiskuits getrennt in zwei Gefrierbeutel füllen, die Beutel fest verschließen und das Gebäck mit einer Teigrolle fein zerbröseln. Die Brösel in eine Schüssel geben und mit der Butter mischen.

3. Die Bröselmasse in die Form füllen und mit einem Löffel andrücken. Den Boden kalt stellen und fest werden lassen.

4. Für den Belag Pflaumen abspülen, trocken tupfen, entsteinen und in kleine Würfel schneiden. Gelatine nach Packungsanleitung in kaltem Wasser einweichen. Joghurt und Zucker in einer Schüssel verrühren. Gelatine leicht ausdrücken und in einem kleinen Topf bei schwacher Hitze auflösen (nicht kochen). 4 Esslöffel der Joghurtmasse unter die Gelatine rühren, dann die Gelatinemasse unter den restlichen Joghurt rühren. Kalt stellen.

5. Sobald die Joghurtmasse beginnt dicklich zu werden, Sahne steifschlagen und unterheben. Unter zwei Drittel der Joghurtcreme die Pflaumenwürfel heben, in die Form füllen und glattstreichen. Restliche Joghurtcreme daraufstreichen und mit einem Tortengarnierkamm ein Muster eindrücken. Die Torte 1–2 Stunden kalt stellen.

6. Die Torte mit einem Messer aus der Springform lösen, den Springformrand entfernen. Die Torte mit einer Palette oder einem Heber vom Backpapier auf eine Tortenplatte geben.

7. Pflaumen abspülen, trocken tupfen, entsteinen, in Spalten schneiden und mit dem Müsli dekorativ auf der Tortenoberfläche verteilen.

Tipps: Die Torte kann am Vortag zubereitet werden. Sie schmeckt auch mit Heidelbeeren oder Brombeeren.

Frühlingstorte

Zubereitungszeit: etwa 45 Minuten, ohne Kühlzeit
Insgesamt: E: 136 g, F: 231 g, Kh: 459 g, kJ: 19688, kcal: 4705, BE: 38,5

1 Springform (Ø 26 cm), Backpapier

Zutaten:
Für den Tortenboden:

100 g	bunte Schaumkrönchen (Mini-Baiser-Tupfen)
200 g	weiße Schokolade
50 g	Butter
30 g	Zartbitter-Schokolade (50 % Kakao)
1 Pck.	Dr. Oetker Finesse Geriebene Zitronenschale

Für die Eierlikörcreme:

8 Blatt	weiße Gelatine
150 ml	Eierlikör
120 g	Zucker
750 g	Speisequark (20 % Fett)
200 g	Himbeeren
200 g	Schlagsahne

Zum Garnieren:

20 g	Zartbitter-Schokolade (50 % Kakao)
40 g	bunte Schaumkrönchen (Mini-Baiser-Tupfen)
14	Himbeeren evtl. Eierlikör

1. Einen Bogen Backpapier auf den Boden der Springform legen und mit dem Springformrand straff einspannen.

2. Für den Tortenboden die Schaumkrönchen mit den Fingern zerbröseln und in eine Rührschüssel geben. Weiße Schokolade in Stücke brechen und mit der Butter in eine Metallschüssel geben. Einen kleinen Topf $1/3$ hoch mit Wasser füllen, die Schüssel in das Wasserbad setzen. Das Ganze bei schwacher Hitze erwärmen, bis die Schokolade unter gelegentlichem Rühren geschmolzen ist.

3. Weiße Schokolade etwas abkühlen lassen. Zartbitter-Schokolade hacken und mit der Zitronenschale zu den Bröseln geben. Weiße Schokolade unterrühren. Die Bröselmasse in der Form verteilen und mit einem Löffel gleichmäßig andrücken. Tortenboden kalt stellen und fest werden lassen.

4. Für die Eierlikörcreme die Gelatine nach Packungsanleitung in kaltem Wasser einweichen. Eierlikör, Zucker und Speisequark verrühren. Himbeeren verlesen.

5. Die Gelatine leicht ausdrücken und in einem kleinen Topf bei schwacher Hitze auflösen (nicht kochen). 4 Esslöffel der Quarkmasse unter die Gelatine rühren. Dann die Gelatinemasse unter die restliche Quarkmasse rühren. Kalt stellen.

6. Himbeeren auf dem Tortenboden verteilen. Sobald die Quarkmasse beginnt dicklich zu werden, die Sahne steifschlagen und unterheben. Die Creme kuppel-artig auf die Himbeeren geben und mit einem Teelöffel von außen nach innen breite Streifen ziehen, so dass 14 Tortenstücke entstehen. Die Torte mindestens 2 Stunden kalt stellen.

7. Die Torte mit einem Messer aus der Springform lösen, den Springformrand entfernen. Die Torte mit einer Palette oder einem Heber vom Backpapier auf eine Tortenplatte geben.

8. Die Schokolade zum Garnieren hacken. Die Torte mit Schaumkrönchen, Himbeeren und gehackter Schokolade garnieren. Evtl. etwas Eierlikör auf die Torte träufeln.

Tipp: Anstelle von gehackter Schokolade können Sie für den Tortenboden und zum Garnieren Schokoblättchen verwenden.

Espressotorte

Zubereitungszeit: etwa 50 Minuten, ohne Kühlzeit
Insgesamt: E: 120 g, F: 423 g, Kh: 336 g, kJ: 23850, kcal: 5770, BE: 28,0

1 Springform (Ø 26 cm), Backpapier

Zutaten:

Für den Tortenboden:

200 g	einfache Karamellkekse (oder dünne belgische Butterwaffeln)
100 g	Butter

Für die Espressocreme:

6 Blatt	weiße Gelatine
100 ml	Espresso-Kaffee oder starker Kaffee
500 g	Ricotta (italienischer Frischkäse)
250 g	Speisequark (20 % Fett)
100 g	Zucker
1 Pck.	Dr. Oetker Bourbon-Vanille-Zucker
40 g	schokolierte Vollmilch-Espressobohnen
250 g	Schlagsahne

Zum Garnieren:

75 g	Zartbitter-Kuvertüre
200 g	Schlagsahne
30 g	schokolierte Zartbitter-Espressobohnen
etwas	Kakaopulver

1. Einen Bogen Backpapier auf den Boden der Springform legen und mit dem Springformrand straff einspannen.

2. Für den Tortenboden die Kekse oder die Waffeln in Stücke brechen und in einen Gefrierbeutel geben. Den Beutel verschließen, die Kekse mit einer Teigrolle zerbröseln und in eine Rührschüssel geben. Butter zerlassen und mit den Bröseln gut vermischen. Die Bröselmasse in der Form verteilen und mit einem Löffel gut andrücken.

3. Für die Espressocreme Gelatine nach Packungsanleitung einweichen. Espresso oder starken Kaffee mit Ricotta, Quark, Zucker und Vanille-Zucker verrühren. Gelatine leicht ausdrücken und in einem kleinen Topf bei schwacher Hitze auflösen. 4 Esslöffel der Ricottamasse unterrühren. Dann die Gelatine-masse unter die restliche Ricottamasse rühren. Kalt stellen.

4. Espressobohnen hacken. Sobald die Ricottamasse beginnt dicklich zu werden, die Sahne steifschlagen und mit den gehackten Espressobohnen unter-heben. Die Creme in die Form füllen und glattstreichen. Die Torte mindestens 2 Stunden kalt stellen.

5. Zum Garnieren die Kuvertüre hacken und in eine Metallschüssel geben. Einen kleinen Topf 1/3 hoch mit Wasser füllen, die Schüssel in das Wasserbad setzen. Das Ganze bei schwacher Hitze erwärmen, bis die Kuvertüre unter gelegentlichem Rühren geschmolzen ist. Die Schüssel aus dem Wasserbad nehmen. Kuvertüre auf eine Platte oder ein Backblech gießen, dünn verstreichen und wieder fest werden lassen. Mit einem Spachtel breite Schokoladenlocken abschaben. Kühl aufbewahren.

6. Die Torte mit einem Messer aus der Springform lösen, den Springformrand entfernen. Die Torte mit einer Palette oder einem Heber vom Backpapier auf eine Tortenplatte geben.

7. Die Sahne steifschlagen, auf die Torte streichen und mit einer Gabel ein Muster in die Torte ziehen. Tortenstücke auf der Oberfläche markieren. Torte nochmals kurz kalt stellen.

8. Vor dem Servieren die markierten Stücke mit Espressobohnen und Schoko-röllchen garnieren und mit Kakao bestäuben.

Tipps: Die Torte kann bereits am Vortag zubereitet werden.
Soll die Torte fruchtig sein, kann auf den Boden erst eine Schicht gut abgetropf-ter Sauerkirschen (a. d. Glas) verteilt werden. Dann die Oberfläche auch zusätz-lich mit Sauerkirschen garnieren.

Erdbeer-Daiquiri-Torte

Zubereitungszeit: etwa 50 Minuten, ohne Kühlzeit
Insgesamt: E: 137 g, F: 150 g, Kh: 309 g, kJ: 13939, kcal: 3339, BE: 26,0

1 Springform (Ø 26 cm), Backpapier

Zutaten:

Für den Popcornboden:

100 g	Halbbitter-Kuvertüre
100 g	Vollmilch-Kuvertüre
50 g	gesüßtes Popcorn

Für den Belag:

10 Blatt	weiße Gelatine
500 g	Erdbeeren
100 g	Zucker
1 Pck.	Dr. Oetker Vanillin-Zucker
3–4 EL	weißer Rum
1	Bio-Zitrone (unbehandelt, ungewachst)
750 g	Speisequark (Magerstufe)
250 g	Schlagsahne

1. Einen Bogen Backpapier auf den Boden der Springform legen und mit dem Springformrand straff einspannen.

2. Für den Popcornboden Kuvertüre in kleine Stücke hacken und in eine Metallschüssel geben. Einen kleinen Topf 1/3 hoch mit Wasser füllen, die Schüssel in das Wasserbad setzen. Das Ganze bei schwacher Hitze erwärmen (nicht kochen lassen). Kuvertüre unter gelegentlichem Rühren schmelzen. Die Schüssel aus dem Wasserbad nehmen, Kuvertüre abkühlen lassen.

3. Popcorn zerkleinern und mit der Kuvertüre vermengen. Etwa 12 Popcornbrocken zum Garnieren zurücklegen. Restliche Popcornmasse in die Form geben und gut andrücken. Die Springform kalt stellen.

4. Für den Belag Gelatine nach Packungsanleitung in kaltem Wasser einweichen. Erdbeeren abspülen, gut abtropfen lassen und entstielen. 4–5 Erdbeeren zum Garnieren zurücklegen, restliche Erdbeeren klein schneiden und pürieren. 2 Esslöffel von dem Zucker, Vanillin-Zucker und Rum unterrühren.

5. Die Zitrone heiß abspülen, trocken reiben und die Hälfte der Schale dünn abreiben. Die Zitrone auspressen. Quark mit dem restlichen Zucker, 2–3 Esslöffeln Zitronensaft und geriebener Zitronenschale verrühren.

6. Gelatine leicht ausdrücken und in einem kleinen Topf bei schwacher Hitze unter Rühren auflösen (nicht kochen lassen). Die Gelatine halbieren. Das Erdbeerpüree nach und nach unter eine Hälfte der Gelatine rühren. Die Quarkmasse nach und nach unter die andere Hälfte der Gelatine rühren und kalt stellen.

7. Sahne steifschlagen, 2 Esslöffel davon in einen Spritzbeutel mit großer Lochtülle (Ø etwa 12 mm) füllen und kalt stellen.

8. Sobald die Quarkmasse beginnt dicklich zu werden, die restliche Sahne unter die Quarkmasse heben. Die Hälfte des Erdbeerpürees unter die Quarkcreme ziehen, so dass sich „Schlieren" bilden. Die Creme auf dem Popcornboden verteilen und vorsichtig glattstreichen. Restliches Erdbeerpüree darauf verteilen. Die Torte etwa 2–3 Stunden kalt stellen.

9. Die Torte mit einem Messer aus der Springform lösen, den Springformrand entfernen. Die Torte mit einer Palette oder einem Heber vom Backpapier auf eine Tortenplatte geben. Die Tortenoberfläche mit Sahnetuffs verzieren und mit den zurückgelegten, geviertelten Erdbeeren und Schoko-Popcorn garnieren.

Tipps: Die Torte schmeckt frisch am besten. Für eine alkoholfreie Variante kann der Rum einfach weggelassen werden.

Croissant-Torte

Zubereitungszeit: etwa 50 Minuten, ohne Kühlzeit
Insgesamt: E: 36 g, F: 144 g, Kh: 306 g, kJ: 11262, kcal: 2695, BE: 25,5

1 Springform (Ø 26 cm), Backpapier

Zutaten:

Für den Tortenboden:

3	Buttercroissants (je 50 g)
60 g	Zucker
30 g	Butter

Für den Belag:

6 Blatt	weiße Gelatine
200 g	bittere Orangenmarmelade
450 g	saure Sahne
125 g	Schlagsahne

Zum Garnieren:

2–3 EL	rotes Johannisbeergelee

1. Den Boden der Springform mit Backpapier belegen und mit dem Springformrand straff einspannen.

2. Für den Tortenboden die Enden der Croissants knapp abschneiden. Die Croissants quer in jeweils 5 Scheiben schneiden. Die Scheiben in mehreren Portionen in einer großen beschichteten Pfanne ohne Fett bei schwacher Hitze von beiden Seiten goldbraun rösten. Die Scheiben in die Springform legen, so dass der Springformboden möglichst bedeckt ist. Die abgeschnittenen Enden der Croissants zerbröseln und in die Form streuen.

3. Den Zucker hellbraun karamellisieren lassen und von der Kochstelle nehmen. Butter zum Karamell geben und unterrühren. Karamellmasse sofort mit einem Löffel in dünnen Streifen auf die Croissantscheiben träufeln. Karamellmasse erkalten lassen.

4. Für den Belag die Gelatine nach Packungsanleitung in kaltem Wasser einweichen. Orangenmarmelade mit saurer Sahne verrühren. Gelatine ausdrücken, in einem kleinen Topf bei schwacher Hitze unter Rühren auflösen (nicht kochen). 4 Esslöffel der Sahnemasse unter die Gelatine rühren. Dann die Gelatinemasse unter die restliche Sahnemasse rühren. Kalt stellen.

5. Sobald die Masse beginnt dicklich zu werden, die Sahne steifschlagen und unterheben. Die Creme auf die Croissantscheiben geben und glattstreichen. Die Torte mindestens 2 Stunden kalt stellen.

6. Die Torte mit einem Messer aus der Springform lösen, den Springformrand entfernen. Die Torte mit einer Palette oder einem Heber vom Backpapier auf eine Tortenplatte geben und in Stücke schneiden.

7. Das Gelee durch ein Sieb streichen, in einen Gefrierbeutel füllen und eine Ecke des Beutels abschneiden. Auf jedes Tortenstück mit dem Gelee ein kleines Muster spritzen. Die Torte servieren.

Tipps: 20 g Kürbiskerne rösten und zum Schluss an den Rand der Torte setzen oder auf die Torte streuen. Das Gelee auf der Torte wird flüssig, wenn es länger als etwa 3 Stunden auf der Torte ist.

Leichte Melonentorte

Zubereitungszeit: etwa 60 Minuten, ohne Kühlzeit
Insgesamt: E: 47 g, F: 277 g, Kh: 468 g, kJ: 19672, kcal: 4695, BE: 39,0

1 Springform (Ø 26 cm), Backpapier

Zutaten:

Für den Tortenboden:

200 g	Löffelbiskuits
125 g	weiche Butter

Für den Belag:

1	Honigmelone (etwa 500 g)
1	Cantaloup-Melone (etwa 500 g)
1 kleine	Wassermelone (etwa 800 g)
125 ml (⅛ l)	Saft von den Melonen
375 ml (⅜ l)	Buttermilch
300 g	Schlagsahne
2 Pck.	Galetta Cremepudding Vanille-Geschmack
1 Pck.	Dr. Oetker Sahnesteif
2–3 EL	Limettensaft

Zum Verzieren und Garnieren:

200 g	Schlagsahne
1 Pck.	Dr. Oetker Sahnesteif
1	Bio-Limette (unbehandelt, ungewachst)

1. Einen Bogen Backpapier auf den Boden der Springform legen und mit dem Springformrand straff einspannen.

2. Für den Tortenboden Löffelbiskuits in einen Gefrierbeutel geben, den Beutel verschließen und die Löffelbiskuits mit einer Teigrolle fein zerbröseln.

3. Die Butter mit Handrührgerät mit Rührbesen cremig rühren und die Brösel unterarbeiten. Die Bröselmasse in der Form verteilen, mit einem Löffel gut andrücken und kalt stellen.

4. Für den Belag die Melonen halbieren. Honig- und Cantaloup-Melone entkernen. Von allen Melonen mit einem Kugelausstecher einige Kugeln ausstechen und zur Seite stellen. Restliches Fruchtfleisch mit einem Löffel aus den Schalen lösen und fein würfeln. (Wassermelone beim Kleinschneiden entkernen.)

5. Melonenwürfel in einem Sieb gut abtropfen lassen. Flüssigkeit dabei auffangen und 125 ml (⅛ l) abmessen. Melonenflüssigkeit mit Buttermilch und Sahne verrühren.

6. Galetta nach Packungsanleitung, aber mit der gesamten Buttermilch-Melonen-Sahne (800 ml) und zusätzlich 1 Päckchen Sahnesteif zubereiten. Limettensaft unterrühren und Melonenwürfel unterheben. Die Masse auf dem Tortenboden verteilen und glattstreichen. Die Torte 2–3 Stunden kalt stellen.

7. Die Torte mit einem Messer aus der Springform lösen, den Springformrand entfernen. Die Torte mit einer Palette oder einem Heber vom Backpapier auf eine Tortenplatte geben.

8. Zum Garnieren Sahne mit Sahnesteif steifschlagen und in einen Spritzbeutel mit Sterntülle (Ø etwa 10 mm) füllen. Die Tortenoberfläche mit Sahnetuffs oder Kringeln verzieren.

9. Die Limette heiß abspülen und trocken tupfen. Die Limettenschale mit einem Zestenreißer in Streifen abziehen. Beiseitegestellte Melonenkugeln mit Küchenpapier abtupfen. Die Torte mit Melonenkugeln und Limettenschale garnieren.

Tipps: Das Fruchtfleisch der Wassermelone in dünne Scheiben schneiden. Aus den Scheiben mit Plätzchen-Ausstechern Motive, z. B. Blüten, ausstechen und als Rand an den Springformrand stellen, dann die Creme einfüllen.
Die Torte schmeckt frisch am besten.

Feigen-Dickmilch-Torte

Zubereitungszeit: etwa 35 Minuten, ohne Kühlzeit
Insgesamt: E: 59 g, F: 249 g, Kh: 392 g, kJ: 17238, kcal: 4118, BE: 32,5

1 Springform (Ø 26 cm), Backpapier

Zutaten:
Für den Waffelboden:

100 g	Butter
200 g	belgische Waffeln
70 g	getrocknete Feigen (ungeschwefelt)
½ Pck.	Dr. Oetker Finesse Geriebene Zitronenschale

Für den Belag:

8 Blatt	weiße Gelatine
75 g	Zucker
½ Pck.	Dr. Oetker Finesse Geriebene Zitronenschale
4 EL	Orangensaft
500 g	Dickmilch (3,5 % Fett)
250 g	Schlagsahne
6	reife Feigen

Für den Guss:

1 Pck.	Dr. Oetker Tortenguss, klar, ungezuckert
2 gestr. EL	Zucker
250 ml (¼ l)	Apfelsaft

Zum Garnieren:

	evtl. Zitronenmelisse

1. Einen Bogen Backpapier auf den Boden der Springform legen und mit dem Springformrand straff einspannen. Die Butter zerlassen.

2. Für den Boden Waffeln in einen Gefrierbeutel geben und den Beutel verschließen. Die Waffeln mit einer Teigrolle fein zerbröseln.

3. Von den Feigen die Stängel abschneiden. Feigen sehr fein hacken. Waffelbrösel, gehackte Feigen, Zitronenschale und Butter in einer Schüssel gut verrühren. Die Masse in der Form verteilen und mit einem Löffel andrücken.

4. Für den Belag die Gelatine nach Packungsanleitung in kaltem Wasser einweichen. Zucker mit Zitronenschale, Orangensaft und Dickmilch verrühren. Gelatine leicht ausdrücken und in einem kleinen Topf bei schwacher Hitze auflösen (nicht kochen). 4 Esslöffel der Dickmilchmasse unter die Gelatine rühren, dann die Gelatinemasse unter die restliche Dickmilchmasse rühren. Kalt stellen.

5. Wenn die Masse beginnt dicklich zu werden, Sahne steifschlagen und unterheben. Dickmilchmasse auf dem Waffelboden verteilen, glattstreichen und etwa 2 Stunden kalt stellen.

6. Feigen abspülen, abtrocknen, in Scheiben schneiden und auf der Torte verteilen.

7. Aus Tortengusspulver, Zucker und Apfelsaft nach Packungsanleitung einen Guss zubereiten, vorsichtig auf der Torte verteilen und fest werden lassen.

8. Die Torte mit einem Messer aus der Springform lösen, den Springformrand entfernen. Die Torte mit einer Palette oder einem Heber vom Backpapier auf eine Tortenplatte geben. Die Torte evtl. mit Zitronenmelisse garnieren.

Tipps: Die Torte möglichst frisch verzehren.
Für eine Torte mit Alkohol, den Orangensaft in der Creme durch 4–6 cl Wodka mit Feige ersetzen.

Stracciatella-Torte

Zubereitungszeit: etwa 25 Minuten, ohne Kühlzeit
Insgesamt: E: 43 g, F: 281 g, Kh: 275 g, kJ: 16172, kcal: 3863, BE: 23,0

1 Springform (Ø 26 cm), Backpapier

Zutaten:

Für den Tortenboden:

150 g	Löffelbiskuits
100 g	Butter

Für die Schokocreme:

1 Pck.	Dessert-Soße Schokoladen-Geschmack, ohne Kochen
75 ml	Milch
200 g	Vanillejoghurt

Für die Stracciatella-Creme:

500 g	Schlagsahne
2 Pck.	Dr. Oetker Sahnesteif
30 g	Zucker
70 g	Zartbitter-Raspelschokolade

Zum Bestreuen:

10 g	Zartbitter-Raspelschokolade

1. Einen Bogen Backpapier auf den Boden der Springform legen und mit dem Springformrand straff einspannen.

2. Löffelbiskuits in einen Gefrierbeutel geben, den Beutel verschließen und die Löffelbiskuits mit einer Teigrolle fein zerbröseln. Brösel in eine Schüssel geben. Butter zerlassen und mit den Bröseln vermengen. Die Bröselmasse in der Form verteilen, mit einem Löffel andrücken und kalt stellen.

3. Für die Schokocreme Dessert-Soßenpulver nach Packungsanleitung, aber nur mit 75 ml Milch und 200 g Joghurt zubereiten. Die Masse kuppelartig in die Mitte des Tortenbodens geben, dabei rundherum einen etwa 2 cm breiten Rand frei lassen. Den Boden wieder kalt stellen.

4. Für die Stracciatella-Creme Sahne mit Sahnesteif und Zucker steifschlagen, Raspelschokolade unterheben. Die Stracciatella-Creme vorsichtig in die Form auf die Schokocreme und den freigelassenen Rand geben. Die Creme glattstreichen. Die Torte etwa 2 Stunden kalt stellen.

5. Die Torte mit einem Messer aus der Springform lösen, den Springformrand entfernen. Die Torte mit einer Palette oder einem Heber vom Backpapier auf eine Tortenplatte geben. Die Torte mit Raspelschokolade bestreuen.

Tipp: Die Torte schmeckt fruchtig, wenn Sie je ½ Teelöffel Finesse Geriebene Orangenschale unter die Schoko- und die Stracciatella-Creme rühren.

Weihnachtstorte
mit Spekulatius

Zubereitungszeit: etwa 50 Minuten, ohne Kühlzeit
Insgesamt: E: 118 g, F: 417 g, Kh: 411 g, kJ: 24571, kcal: 5873, BE: 34,5

1 Springform (Ø 26 cm), Backpapier, Stern-Ausstecher in verschiedenen Größen

Zutaten:

Für den Tortenboden und Tortenrand:

50 g	Zartbitter-Schokolade (50 % Kakao)
75 g	Butter
250 g	Mandel-Spekulatius (ersatzweise Buttergebäck mit Mandeln)

Zum Garnieren:

200 g	Zartbitter-Schokolade (50 % Kakao)
2 TL	Speiseöl

Für den Belag:

6 Blatt	weiße Gelatine
600 g	Doppelrahm-Frischkäse
40 g	Zucker
100 ml	Milch
1 Pck.	Dr. Oetker Bourbon-Vanille-Zucker
1 Glas	Apfelkompott (360 g Einwaage)
je 1 Msp.	gemahlene Gewürznelken, Zimt und Kardamom

1. Einen Bogen Backpapier auf den Boden der Springform legen und mit dem Springformrand straff einspannen.

2. Für den Tortenboden Schokolade in Stücke brechen. Butter in einem Topf zerlassen und von der Kochstelle nehmen. Die Schokolade in den Topf geben und unter Rühren darin auflösen.

3. Für den Tortenrand so viele Spekulatius in die Springform stellen, dass ein geschlossener Rand entsteht. Spekulatius wieder herausnehmen und mit einem Sägemesser quer halbieren. Jeweils die obere Hälfte der Spekulatius für den Tortenrand beiseitelegen.

4. Alle übrigen Spekulatius in einen Gefrierbeutel füllen, den Beutel verschließen und die Spekulatius mit einer Teigrolle fein zerbröseln. Die Brösel unter die Butter-Schoko-Masse rühren, in der Form verteilen und mit einem Löffel andrücken. Die beiseitegelegten Spekulatiushälften wieder als Tortenrand in die Springform stellen und vorsichtig in den Tortenboden drücken. Kalt stellen.

5. Die Schokolade zum Garnieren in Stücke brechen und mit dem Öl wie im Rezept auf Seite 19 unter Punkt 2 beschrieben schmelzen. Schokolade von der Kochstelle nehmen.

6. Ein Viertel der Schokolade auf ein Stück Backpapier geben, etwa 2 mm dünn verstreichen und fest werden lassen. Mit Stern-Ausstechern 8–10 unterschiedlich große Sterne ausstechen. Restliche Schokolade wieder in das Wasserbad setzen.

7. Für den Belag die Gelatine nach Packungsanleitung in kaltem Wasser einweichen. Frischkäse mit Zucker, Milch und Vanille-Zucker verrühren. Gelatine in einem kleinen Topf bei schwacher Hitze auflösen (nicht kochen). 4 Esslöffel von der Frischkäsemasse unter die Gelatine rühren, dann die Gelatinemasse unter die restliche Frischkäsemasse rühren.

8. Knapp ein Drittel der Frischkäsemasse abnehmen, mit dem Apfelkompott verrühren, in die Form füllen und glattstreichen. Die restliche Frischkäsemasse mit den Gewürzen und der restlichen geschmolzenen Schokolade verrühren. Die Masse vorsichtig esslöffelweise auf der Apfelmus-Frischkäsemasse verteilen und glattstreichen. Die Torte etwa 3 Stunden kalt stellen.

9. Die Torte mit einem Messer aus der Springform lösen, den Springformrand entfernen. Die Torte mit einer Palette oder einem Heber vom Backpapier auf eine Tortenplatte geben. Die Torte mit den Schokosternen garnieren.

Cantuccini-Torte

Zubereitungszeit: etwa 50 Minuten, ohne Kühlzeit
Insgesamt: E: 117 g, F: 210 g, Kh: 351 g, kJ: 15983, kcal: 3816, BE: 29,5

1 Springform (Ø 26 cm), Backpapier

Zutaten:
Für den Tortenboden:

200 g	Cantuccini (italienisches Mandelgebäck)
2–3 EL	Espresso-Kaffee
100 g	Zartbitter-Schokolade (50 % Kakao)
20 g	Butter

Für die Creme:

4 Blatt	weiße Gelatine
250 g	Ricotta (italienischer Frischkäse)
½ TL	gemahlener Zimt
50 g	Zucker
1 TL	Dr Oetker Finesse Geriebene Zitronenschale
300 g	Schlagsahne

Für den Belag:

1	reife Mango (etwa 500 g)
1 Pck.	Dr. Oetker Tortenguss, klar, ungezuckert
1–2 EL	Zucker
250 ml (¼ l)	klarer Apfelsaft

1. Den Boden der Springform mit Backpapier belegen und mit dem Springformrand straff einspannen.

2. Für den Tortenboden die Cantuccini grob zerkleinern und in mehreren Portionen im Zerkleinerer oder Mixer fein hacken. Espresso auf die Cantuccini-Stücke träufeln und einziehen lassen.

3. Schokolade in kleine Stücke brechen und mit der Butter in eine Metallschüssel geben. Einen kleinen Topf ⅓ hoch mit Wasser füllen, die Schüssel in das Wasser setzen. Das Ganze bei schwacher Hitze erwärmen, bis die Schokolade unter gelegentlichem Rühren geschmolzen ist. Die Schüssel aus dem Wasserbad nehmen.

4. Cantuccini mit der Schokolade vermengen. Cantuccini-Masse in der Form verteilen und mit einem Esslöffel gleichmäßig andrücken. Tortenboden kalt stellen und fest werden lassen.

5. Für die Creme Gelatine nach Packungsanleitung in kaltem Wasser einweichen. Ricotta mit Zimt, Zucker und Zitronenschale verrühren. Gelatine leicht ausdrücken und in einem kleinen Topf bei schwacher Hitze unter Rühren auflösen (nicht kochen). 4 Esslöffel Ricotta unter die Gelatine rühren. Dann die Gelatinemasse unter den restlichen Ricotta rühren.

6. Die Sahne steifschlagen und unter die Ricottamasse heben. Die Creme auf den Tortenboden geben und glattstreichen. Mindestens 2 Stunden kalt stellen.

7. Mangofruchtfleisch von beiden Seiten vom Stein schneiden, schälen oder mit einem Löffel aus der Schale lösen. Fruchtfleisch in dünne Scheiben schneiden und kreisförmig auf der Tortenoberfläche verteilen.

8. Aus Tortenguss, Zucker und Apfelsaft nach Packungsanleitung einen Tortenguss zubereiten. Den Guss von der Tortenmitte aus über die Mangoscheiben verteilen. Torte nochmals kalt stellen, bis der Guss fest ist.

9. Die Torte mit einem Messer aus der Springform lösen, den Springformrand entfernen. Die Torte mit einer Palette oder einem Heber vom Backpapier auf eine Tortenplatte geben.

Knuspertorte
mit Brombeeren

Zubereitungszeit: etwa 40 Minuten, ohne Kühlzeit
Insgesamt: E: 64 g, F: 332 g, Kh: 338 g, kJ: 19573, kcal: 4677, BE: 28,0

1 Springform (Ø 26 cm), Backpapier

Zutaten:

Für den Tortenboden:

200 g	weiße Kuvertüre
25 g	Kokosfett
2 Pck. (je 50 g)	Eiswaffel-Herzen

Für den Belag:

350 g	Brombeeren
8 Blatt	weiße Gelatine
500 ml (½ l)	Buttermilch Zitronen-Geschmack
100 g	Zucker
450 g	Schlagsahne

Zum Garnieren:

100 g	Brombeeren
150 g	Schlagsahne
einige	Eiswaffel-Herzen

1. Einen Bogen Backpapier auf den Boden der Springform legen und mit dem Springformrand straff einspannen.

2. Für den Tortenboden Kuvertüre grob hacken und mit dem Kokosfett in eine Metallschüssel geben. Einen kleinen Topf ⅓ hoch mit Wasser füllen, die Schüssel in das Wasserbad setzen. Das Ganze bei schwacher Hitze erwärmen (nicht kochen lassen). Kuvertüre unter gelegentlichem Rühren schmelzen. Die Schüssel aus dem Wasserbad nehmen.

3. Eiswaffel-Herzen in einen Gefrierbeutel geben, den Beutel verschließen und die Waffeln mit einer Teigrolle fein zerbröseln. Kuvertüre mit den Bröseln vermischen, in der Form verteilen und mit einem Löffel andrücken. Tortenboden kalt stellen.

4. Für den Belag Brombeeren verlesen. Gelatine nach Packungsanleitung in kaltem Wasser einweichen. Buttermilch mit Zucker verrühren. Gelatine leicht ausdrücken und in einem kleinen Topf bei schwacher Hitze auflösen (nicht kochen). Nach und nach etwas Buttermilch unter die Gelatine rühren, dann die Gelatinemasse unter die restliche Buttermilch rühren. Kalt stellen.

5. Sobald die Masse beginnt dicklich zu werden, die Sahne steifschlagen und unterheben. Brombeeren unterheben und die Creme auf den Tortenboden streichen. Die Torte 2–3 Stunden kalt stellen.

6. Die Torte mit einem Messer aus der Springform lösen, den Springformrand entfernen. Die Torte mit einer Palette oder einem Heber vom Backpapier auf eine Tortenplatte geben.

7. Zum Garnieren Brombeeren verlesen, die Hälfte davon pürieren, durch ein Sieb passieren und in einen kleinen Gefrierbeutel füllen. Eine kleine Ecke davon abschneiden und das Brombeermus über die Torte sprenkeln. Sahne steifschlagen, mit einem Teelöffel am Rand wie Wölkchen auf die Torte setzen und mit Eiswaffel-Herzen und den restlichen Brombeeren garnieren.

Tipps: Die Buttermilch Zitronen-Geschmack kann auch durch Zitronenjoghurt oder Fruchtmolke ersetzt werden. Buttermilch, Joghurt und Fruchtmolke gibt es in unterschiedlichen Geschmacksrichtungen. Sie können auch mit anderen Beeren verwendet werden.

Quark-Kirsch-Torte

Zubereitungszeit: etwa 60 Minuten, ohne Kühlzeit
Insgesamt: E: 75 g, F: 147 g, Kh: 324 g, kJ: 12516, kcal: 2990, BE: 27,0

1 Springform (Ø 20 cm), Backpapier

Zutaten:

Für den Tortenboden:

100 g	Zartbitter-Schokolade (50 % Kakao)
50 g	Vollmilch-Schokolade
50 g	Cornflakes

Für den Kirschbelag:

1 Glas	Sauerkirschen (370 g Abtropfgewicht)
1/2	Zimtstange
2 gestr. EL	Zucker
20 g	Speisestärke
2 EL	Wasser

Für die Creme:

3 Blatt	weiße Gelatine
100 g	Doppelrahm-Frischkäse
250 g	Speisequark (Magerstufe)
70 g	Zucker
1 Pck.	Dr. Oetker Vanillin-Zucker
1–2 EL	Zitronensaft
200 g	Schlagsahne

Zum Garnieren:

2 Blatt	weiße Gelatine
125 ml (1/8 l)	Saft von den Kirschen
etwas	Zitronenmelisse

1. Einen Bogen Backpapier auf den Boden der Springform legen und mit dem Springformrand straff einspannen.

2. Für den Tortenboden Zartbitter- und Vollmilch-Schokolade grob zerkleinern und in eine Metallschüssel geben. Einen kleinen Topf 1/3 hoch mit Wasser füllen, die Schüssel in das Wasserbad setzen. Das Ganze bei schwacher Hitze erwärmen, bis die Schokolade unter gelegentlichem Rühren geschmolzen ist. Die Schüssel aus dem Wasserbad nehmen.

3. Cornflakes unter die Schokolade rühren, in der Form verteilen und mit einem Löffel andrücken. Die Form kalt stellen, bis der Boden fest geworden ist.

4. Für den Kirschbelag die Kirschen in einem Sieb abtropfen lassen, dabei den Saft auffangen. 125 ml (1/8 l) davon abmessen und beiseitestellen. Den restlichen Kirschsaft mit Zimtstange und Zucker aufkochen lassen. Speisestärke mit Wasser anrühren und in den kochenden Kirschsaft rühren. Nochmals unter Rühren aufkochen. Die Kirschen unterheben, das Kompott erkalten lassen.

5. Die Zimtstange aus dem Kirschkompott nehmen, das Kompott auf den Tortenboden streichen und kalt stellen.

6. Für die Creme Gelatine nach Packungsanleitung in kaltem Wasser einweichen. Frischkäse, Quark, Zucker, Vanillin-Zucker und Zitronensaft verrühren. Die Gelatine leicht ausdrücken und in einem kleinen Topf bei schwacher Hitze auflösen (nicht kochen). 4 Esslöffel der Quarkmasse unter die Gelatine rühren, dann die Gelatinemasse mit der restlichen Quarkmasse verrühren. Kalt stellen.

7. Wenn die Quarkmasse anfängt zu gelieren, die Sahne steifschlagen und unterheben. Die Quark-Sahne-Creme auf die Kirschen streichen und die Torte etwa 2 Stunden kalt stellen.

8. Zum Garnieren Gelatine nach Packungsanleitung einweichen. Gelatine leicht ausdrücken und in einem kleinen Topf bei schwacher Hitze auflösen (nicht kochen). Den abgemessenen Kirschsaft nach und nach unterrühren, in eine flache Schüssel füllen und mindestens 1 Stunde kalt stellen.

9. Die Torte mit einem Messer aus der Springform lösen, den Springformrand entfernen. Die Torte mit einer Palette oder einem Heber vom Backpapier auf eine Tortenplatte geben.

10. Das Kirschgelee mit einer Gabel oder einem Löffel in kleine Stückchen reißen. Die Geleestückchen in 10–12 Portionen als kleine Häufchen auf den Tortenrand geben. Die Zitronenmelisse abspülen, trocken tupfen, in kleine Zweige zupfen und zwischen die roten Geleehäufchen verteilen.

Keksschnitten mit Mango

Zubereitungszeit: etwa 30 Minuten, ohne Kühlzeit
Insgesamt: E: 36 g, F: 212 g, Kh: 412 g, kJ: 15572, kcal: 3719, BE: 34,5

1 Kastenform (25 x 11 cm), Backpapier

Zutaten:
weiche Butter oder Margarine
zum Einfetten

Für die Creme:
150 g	weiße Schokolade
100 g	getrocknete Mangostücke (erhältlich im Reformhaus oder Bio-Laden)
150 ml	Wasser
100 g	Butter
50 g	gesiebter Puderzucker
350 g	Choco-Cookies (Schokoladenkekse mit Schokostücken)

Zum Garnieren:
50 g	Vollmilch-Schokolade

1. Die Kastenform an einigen Punkten an den Seiten einfetten und mit Backpapier auslegen.

2. Die weiße Schokolade in Stücke brechen und in eine Metallschüssel geben. Einen kleinen Topf ⅓ hoch mit Wasser füllen, die Schüssel in das Wasserbad setzen. Das Ganze bei schwacher Hitze erwärmen, bis die Schokolade unter gelegentlichem Rühren geschmolzen ist. Die Schüssel aus dem Wasserbad nehmen. Schokolade etwas abkühlen lassen.

3. Mangostücke mit einer Küchenschere in Streifen schneiden. Mit dem Wasser in einem kleinen Topf aufkochen, dann im geschlossenen Topf etwa 10 Minuten bei schwacher Hitze dünsten. Erkalten lassen. Die weichen Mangostücke im Zerkleinerer zu einer Paste verarbeiten. Mangopaste abkühlen lassen.

4. Butter und Zucker in eine Rührschüssel geben und leicht aufschlagen. Mangopaste und Schokolade nach und nach unterrühren.

5. Die Form mit Cookies auslegen, dabei die runde Seite nach unten legen und evtl. einige Cookies mit einem Sägemesser passend schneiden. Restliche Cookies in Stücke brechen und unter die Mangomasse heben. Die Mango-Cookie-Masse in die Form füllen und glattstreichen. Die Form mindestens 4 Stunden kalt stellen.

6. Zum Garnieren die Schokolade in Stücke brechen, wie unter Punkt 2 beschrieben im Wasserbad schmelzen und etwas abkühlen lassen.

7. Den Kuchen aus der Form stürzen. Das Backpapier entfernen. Die Schokolade in einen Gefrierbeutel füllen und eine Ecke des Beutels abschneiden. Den Kuchen mit der Schokolade besprenkeln. Die Schokolade fest werden lassen.

Tipp: Getrocknete Mangostücke gibt es in unterschiedlichen Arten. Die hier verwendeten Stücke sind ungezuckert. Wenn Sie gezuckerte Mangostücke verarbeiten möchten, nehmen Sie nur 25 g gesiebten Puderzucker für die Creme und geben etwas geriebene Zitronenschale dazu.

Knusprige Heidelbeerschnitten

Zubereitungszeit: etwa 40 Minuten, ohne Kühlzeit
Insgesamt: E: 78 g, F: 312 g, Kh: 573 g, kJ: 23072, kcal: 5520, BE: 48,0

1 Backblech (30 x 40 cm), Backpapier,
1 Backrahmen

Zutaten:
weiche Butter oder Margarine
zum Einfetten

Für den Knusperboden:
250 g	Zartbitter-Kuvertüre
150 g	Haferfleks (z. B. von Kölln)

Für den Belag:
600 g	Heidelbeeren
10 Blatt	weiße Gelatine
600 g	saure Sahne
2–3 EL	Zitronensaft
125 g	Zucker
500 g	Schlagsahne

Zum Verzieren:
200 g	Heidelbeerkonfitüre oder rotes Johannisbeergelee
2–3 EL	Johannisbeernektar

1. Das Backblech in den Ecken und in der Mitte einfetten und mit Backpapier belegen. Den Backrahmen darauflegen und in Backblechgröße ausziehen.

2. Für den Knusperboden die Kuvertüre grob hacken und in eine Metallschüssel geben. Einen kleinen Topf ⅓ hoch mit Wasser füllen, die Schüssel in das Wasserbad setzen. Das Ganze bei schwacher Hitze erwärmen, bis die Kuvertüre unter gelegentlichem Rühren geschmolzen ist.

3. Kuvertüre mit den Haferfleks gut verrühren, auf dem Backblech verteilen und mit einem Esslöffel andrücken. Knusperboden kalt stellen.

4. Für den Belag Heidelbeeren verlesen, abspülen, abtropfen lassen und trocken tupfen. Gelatine in kaltem Wasser nach Packungsanleitung einweichen. Saure Sahne mit Zitronensaft und Zucker verrühren. Gelatine leicht ausdrücken und in einem kleinen Topf bei schwacher Hitze unter Rühren erwärmen (nicht kochen), bis sie völlig gelöst ist.

5. Einige Löffel der Sahnemasse unter die Gelatine rühren, dann die Gelatinemasse verrühren, unter die restliche Sahnemasse rühren und kalt stellen.

6. Sahne steifschlagen. Sobald die Gelatinemasse anfängt dicklich zu werden, Sahne und die Hälfte der Heidelbeeren unterheben. Sahnecreme auf den Knusperboden geben und glattstreichen. Restliche Heidelbeeren darauf verteilen. Kuchen kalt stellen.

7. Den Backrahmen mit einem Messer lösen und entfernen. Zum Verzieren Konfitüre oder Gelee mit Nektar glattrühren (evtl. durch ein Sieb streichen) und in einen Gefrierbeutel füllen. Eine kleine Spitze davon abschneiden und die Kuchenoberfläche schlierenartig damit verzieren. Kuchen in etwa 20 Schnitten schneiden.

Mandarinenschnitten

Zubereitungszeit: etwa 60 Minuten, ohne Kühlzeit
Insgesamt: E: 72 g, F: 498 g, Kh: 665 g, kJ: 31676, kcal: 7571, BE: 55,5

1 Backblech (30 x 40 cm), Backpapier,
1 Backrahmen

Zutaten:

weiche Butter oder Margarine
zum Einfetten

Für den Bröselboden:

70 g	Sesamsamen (geschält)
300 g	Butterkekse
220 g	Butter

Für die Mandarinenmasse:

4 Dosen	Mandarin-Orangen (je 175 g Abtropfgewicht)
150 ml	Saft von den Mandarin-Orangen
150 ml	Orangensaft
100 g	Zucker
40 g	Speisestärke
125 g	Butter

Für die Orangencreme:

10 Blatt	weiße Gelatine
200 ml	Orangensaft
5 EL	Zitronensaft
1 TL	Dr. Oetker Finesse Geriebene Zitronenschale
200 ml	Wasser
120 g	Zucker
2 Pck.	Dr. Oetker Sahnesteif
300 g	Schlagsahne

Zum Garnieren:

50 g	Zartbitter-Schokolade (50 % Kakao) oder Zartbitter-Schokolade mit Orangenstückchen

1. Ein Backblech in der Mitte und in den Ecken einfetten und mit Backpapier belegen. Einen Backrahmen auf das Backblech legen und in Backblechgröße ausziehen.

2. Für den Bröselboden Sesam in einer Pfanne ohne Fett goldbraun rösten, auf einen Teller geben und erkalten lassen.

3. Butterkekse in einen Gefrierbeutel füllen, Beutel fest verschließen. Kekse mit einer Teigrolle zerbröseln. Keksbrösel mit Sesam mischen.

4. Butter zerlassen und unter die Bröselmasse mischen. Die Masse in dem Backrahmen verteilen und mit einem Löffel andrücken. Den Bröselboden kalt stellen und fest werden lassen.

5. Für die Mandarinenmasse die Mandarinen in einem Sieb abtropfen lassen, dabei den Saft auffangen. 150 ml Mandarinensaft abmessen und mit Orangensaft, Zucker und Speisestärke verrühren. Butter in einem kleinen Topf zerlassen. Saft-Gemisch unter Rühren dazugeben und aufkochen. Mandarinen unterrühren. Die Mandarinenmasse etwa 5 Minuten abkühlen lassen und auf den Bröselboden streichen. Das Backblech kalt stellen, den Belag fest werden lassen.

6. Für die Orangencreme Gelatine nach Packungsanleitung in kaltem Wasser einweichen. Orangensaft, Zitronensaft, -schale und Wasser in einem kleinen Topf erhitzen (nicht kochen). Die Gelatine ausdrücken und unter Rühren in dem Wasser-Saft-Gemisch vollständig auflösen, etwas abkühlen lassen.

7. Zucker und Sahnesteif in einer Rührschüssel mischen. Nach und nach die Gelatine-Flüssigkeit mit Handrührgerät mit Rührbesen auf höchster Stufe unterrühren. Etwa 2 Minuten weiterschlagen, bis eine weiße, schaumige Creme entstanden ist. Creme für etwa 10 Minuten in den Kühlschrank stellen. Anschließend wieder 1–2 Minuten aufschlagen. Diesen Vorgang noch 3-mal wiederholen, bis die Creme halbfest und luftig ist. Die Sahne steifschlagen und unterheben.

8. Die Creme auf der Mandarinenmasse verteilen und glattstreichen. Das Blech kalt stellen und die Creme fest werden lassen.

9. Den Backrahmen mit einem Messer lösen und entfernen. Zum Garnieren die Schokolade mit einem Sparschäler in dünne Späne hobeln und auf den Kuchen verteilen. Den Kuchen in Stücke schneiden.

Winzerschnitten

Zubereitungszeit: etwa 35 Minuten, ohne Kühlzeit
Insgesamt: E: 36 g, F: 184 g, Kh: 316 g, kJ: 13242, kcal: 3162, BE: 26,5

1 Kastenform (25 x 11 cm), Backpapier

Zutaten:
weiche Butter oder Margarine
zum Einfetten

Für den Bröselboden:
100 g	Zwiebäcke
80 g	Butter
½ Pck.	Dr. Oetker Bourbon-Vanille-Zucker

Für die Creme:
5 Blatt	weiße Gelatine
250 g	Mascarpone (italienischer Frischkäse)
250 g	Vollmilchjoghurt (3,5 % Fett)
1 Pck.	Dr. Oetker Finesse Geriebene Zitronenschale
100 g	Zucker

Für den Belag:
170 g	blaue Weintrauben
170 g	grüne Weintrauben

Für den Guss:
1 Pck.	Dr. Oetker Tortenguss, klar, ungezuckert
2 EL	Zucker
250 ml (¼ l)	Apfelsaft

1. Die Kastenform an einigen Punkten an den Seiten einfetten und so mit Backpapier auslegen, dass es an den Seiten übersteht.

2. Für den Bröselboden Zwiebäcke in einen Gefrierbeutel geben, den Beutel verschließen, die Zwiebäcke mit einer Teigrolle fein zerbröseln und in eine Schüssel geben.

3. Butter zerlassen, mit Vanille-Zucker zu den Zwieback-Bröseln geben und mischen. Die Bröselmasse in der Form verteilen und mit einem Esslöffel gut andrücken. Die Form kalt stellen, den Boden fest werden lassen.

4. Für die Creme Gelatine nach Packungsanleitung in kaltem Wasser einweichen. Mascarpone, Joghurt, Zitronenschale und Zucker cremig rühren. Gelatine ausdrücken und in einem kleinen Topf bei schwacher Hitze auflösen (nicht kochen). 4 Esslöffel der Creme unter die Gelatine rühren. Dann die Gelatinemasse unter die restliche Creme rühren.

5. Die Creme auf den Bröselboden geben und glattstreichen. Die Creme mindestens 2 Stunden kalt stellen.

6. Für den Belag Weintrauben heiß abspülen, trocken tupfen, halbieren und entkernen. Die Weintraubenhälften auf der Creme in der Form verteilen.

7. Aus Tortenguss, Zucker und Apfelsaft nach Packungsanleitung einen Guss zubereiten und über die Trauben geben. Die Form kalt stellen, den Guss fest werden lassen.

8. Den Kuchen mit Hilfe des Backpapiers aus der Form heben, das Backpapier entfernen, den Kuchen auf eine Servierplatte setzen und in Scheiben schneiden.

Tipp: Anstelle der Weintrauben können auch Erdbeeren, Himbeeren oder Brombeeren verwendet werden.

Orangen-Butterkeks-Kuchen

Zubereitungszeit: etwa 25 Minuten, ohne Kühlzeit
Insgesamt: E: 60 g, F: 169 g, Kh: 295 g, kJ: 12768, kcal: 3053, BE: 24,5

1 Kastenform (25 x 11 cm), Backpapier

Zutaten:
weiche Butter oder Margarine
zum Einfetten

Für die Füllung:

8 Blatt	weiße Gelatine
500 g	Orangenjoghurt
30 g	Zucker
250 g	Schlagsahne
3 mittel-große	Orangen
200 g	Butterkekse

Zum Garnieren:

200 g	Schlagsahne
30 g	Zartbitter-Raspel-schokolade oder -Schokoflocken

1. Die Kastenform an einigen Punkten an den Seiten einfetten und mit Backpapier auslegen.

2. Für die Füllung Gelatine nach Packungsanleitung in kaltem Wasser einweichen. Joghurt und Zucker in einer Schüssel verrühren. Gelatine ausdrücken, in einem kleinen Topf bei schwacher Hitze auflösen (nicht kochen). 4 Esslöffel der Joghurtmasse unter die Gelatine rühren, dann die Gelatinemasse unter die restliche Joghurtmasse rühren.

3. Sobald die Joghurtmasse beginnt dicklich zu werden, Sahne steifschlagen und unterheben. Orangen so schälen, dass auch die weiße Haut mitentfernt wird. Orangenfilets herausschneiden, einige zum Garnieren beiseitelegen, restliche Filets evtl. halbieren und unter die Creme heben.

4. Eine Lage Butterkekse in die Kastenform legen, mit etwa $1/3$ der Creme bestreichen und mit Butterkeksen belegen. Restliche Creme und Butterkekse auf die gleiche Weise einschichten. Die oberste Schicht sollte aus Butterkeksen bestehen. Den Kuchen mindestens 2 Stunden kalt stellen.

5. Den Kekskuchen auf eine Platte stürzen und das Backpapier entfernen. Sahne steifschlagen. Den Kuchen mit etwa 4 Esslöffeln Sahne einstreichen. Restliche Sahne in einen Spritzbeutel mit Lochtülle (Ø etwa 10 mm) füllen. Sahnetupfen auf die Gebäckoberfläche spritzen. Den Kuchen nach Belieben mit Raspelschokolade oder Schokoflocken bestreuen und mit beiseitegestellten Orangenfilets garnieren.

Tipps: Der Kuchen kann am Vortag zubereitet werden.
Er schmeckt auch mit anderen Joghurtsorten, dann aber die entsprechende Frucht dazu wählen.
Noch knackiger und interessanter wird der Anschnitt, wenn man Schoko-Butterkekse verwendet. In diesem Fall den Kuchen mit einem elektrischen Messer schneiden.

Knuspermüsli-Schnitten

Zubereitungszeit: etwa 25 Minuten, ohne Kühlzeit
Insgesamt: E: 224 g, F: 449 g, Kh: 669 g, kJ: 32718, kcal: 7808, BE: 56,0

1 Backblech (30 x 40 cm), Backpapier,
1 Backrahmen

Zutaten:
weiche Butter oder Margarine
zum Einfetten

Für den Knusperboden und die Knusperhäufchen:

100 g	abgezogene, gehobelte Mandeln
300 g	Vitalis Knuspermüsli
400 g	weiße Kuvertüre

Für die Creme:

10 Blatt	weiße Gelatine
1 kg	Speisequark (20 % Fett)
1 Pck.	Dr. Oetker Finesse Geriebene Zitronenschale
3–4 EL	Zitronensaft
150–200 g	Zucker
500 g	rote Johannisbeeren
500 g	Schlagsahne

Zum Garnieren:

250 g	rote Johannisbeeren

1. Das Backblech in den Ecken und in der Mitte einfetten und mit Backpapier belegen. Den Backrahmen darauflegen und in Backblechgröße ausziehen. Für die Knusperhäufchen eine große Platte oder ein Schneidbrett mit Backpapier belegen.

2. Für den Knusperboden und die Knusperhäufchen die Mandeln in einer Pfanne ohne Fett goldbraun rösten. Die Mandeln auf einen Teller geben und erkalten lassen. Knuspermüsli in einen Gefrierbeutel geben, Beutel fest verschließen und das Müsli mit einer Teigrolle zerbröseln.

3. Kuvertüre grob hacken und in eine Metallschüssel geben. Einen kleinen Topf 1/3 hoch mit Wasser füllen, die Schüssel in das Wasserbad setzen. Das Ganze bei schwacher Hitze erwärmen, bis die Kuvertüre unter gelegentlichem Rühren geschmolzen ist. Kuvertüre in eine Rührschüssel füllen, mit Müslibröseln und Mandeln gut vermengen.

4. Für die Knusperhäufchen aus der Müsli-Masse mit zwei Teelöffeln etwa 20 kleine Häufchen abstechen und auf die vorbereitete Platte oder das Schneidbrett setzen. Restliche Masse als Knusperboden auf das Backblech verteilen und mit einem Esslöffel gut andrücken. Das Backblech kalt stellen, bis der Knusperboden fest ist.

5. Für die Creme Gelatine nach Packungsanleitung in kaltem Wasser einweichen. Quark mit Zitronenschale, Zitronensaft und Zucker verrühren. Gelatine leicht ausdrücken und in einem kleinen Topf bei schwacher Hitze unter Rühren auflösen (nicht kochen). 6 Esslöffel der Creme unter die Gelatine rühren, dann die Gelatinemasse mit der restlichen Creme verrühren und kalt stellen.

6. Johannisbeeren abspülen und abtropfen lassen. Die Beeren von den Rispen streifen und mit Küchenpapier trocken tupfen.

7. Sobald die Creme anfängt dicklich zu werden, die Sahne steifschlagen. Sahne und Johannisbeeren unterheben. Die Creme auf den Knusperboden streichen und den Kuchen kalt stellen.

8. Den Backrahmen mit einem Messer lösen und entfernen. Zum Garnieren Johannisbeeren abspülen und trocken tupfen. Kuchen in etwa 20 Schnittchen teilen. Jedes Schnittchen mit einer kleinen Johannisbeerrispe und einem Knusperhäufchen garnieren.

Ananassaft-Schnitten

Zubereitungszeit: etwa 40 Minuten, ohne Kühlzeit
Insgesamt: E: 84 g, F: 325 g, Kh: 458 g, kJ: 21617, kcal: 5163, BE: 38,0

1 Backblech (30 x 40 cm), Backpapier,
1 Backrahmen

Zutaten:
weiche Butter oder Margarine
zum Einfetten

Für den Knusperboden:
150 g	Cornflakes
70 g	Kokosraspel
150 g	Vollmilch-Schokolade
100 g	weiche Butter

Für die Creme:
18 Blatt	weiße Gelatine
1 l	Ananassaft
2–3 EL	Zitronensaft
60 g	Zucker
450 g	saure Sahne
250 g	Schlagsahne

Zum Garnieren:
70 g	Vollmilch-Schokolade
1 TL	Speiseöl

evtl.
10 Kugeln	Kokos-Mandelkonfekt
	Kakaopulver

1. Das Backblech in den Ecken und in der Mitte einfetten und mit Backpapier belegen. Den Backrahmen darauflegen und in Backblechgröße ausziehen.

2. Für den Knusperboden die Cornflakes in einen Gefrierbeutel füllen und den Beutel verschließen. Die Cornflakes mit der Teigrolle grob zerdrücken und in eine Rührschüssel geben. Die Kokosraspel in einer Pfanne ohne Fett goldbraun rösten und mit den Cornflakes mischen.

3. Schokolade in Stücke brechen. Butter in einem kleinen Topf zerlassen. Topf von der Kochstelle nehmen, Schokolade unter Rühren in der Butter schmelzen. Schoko-Butter unter die Kokos-Cornflakes-Mischung rühren, auf dem Backblech verteilen und mit einem Löffel andrücken. Das Backblech kalt stellen, den Knusperboden fest werden lassen.

4. Für die Creme Gelatine nach Packungsanleitung in kaltem Wasser einweichen. Ananassaft mit Zitronensaft und Zucker verrühren. Gelatine ausdrücken und in einem kleinen Topf bei schwacher Hitze unter Rühren auflösen (nicht kochen). Etwas von dem Saft unter die Gelatine rühren, dann die Gelatinemasse mit dem restlichen Saft verrühren und kalt stellen.

5. Sobald der Saft anfängt dicklich zu werden, die saure Sahne unterrühren. Sahne steifschlagen und unterheben. Die Creme auf den Knusperboden verteilen und glattstreichen. Das Backblech mindestens 3 Stunden kalt stellen.

6. Zum Garnieren die Schokolade in Stücke brechen und mit dem Öl in eine Metallschüssel geben. Einen kleinen Topf 1/3 hoch mit Wasser füllen, die Schüssel in das Wasserbad setzen. Das Ganze bei schwacher Hitze erwärmen, bis die Schokolade unter gelegentlichem Rühren geschmolzen ist. Schokolade in einen Gefrierbeutel füllen und eine kleine Ecke abschneiden.

7. Mit einem Messer den Backrahmen lösen und entfernen. Den Kuchen in Schnitten, z.B. Rauten, schneiden und mit der Schokolade besprenkeln. Nach Belieben Konfektkugeln halbieren, jeweils zur Hälfte mit Kakao bestäuben und auf die Schnitten legen.

Limettenschnittchen

Zubereitungszeit: etwa 50 Minuten, ohne Kühlzeit
Insgesamt: E: 223 g, F: 444 g, Kh: 559 g, kJ: 30554, kcal: 7304, BE: 46,5

1 Backblech (30 x 40 cm), Backpapier,
1 Backrahmen

Zutaten:
weiche Butter oder Margarine
zum Einfetten

Für den Bröselboden:
400 g	Butterkekse
170 g	Butter

Für den Belag:
1	Bio-Limette (unbehandelt, ungewachst)
12 Blatt	weiße Gelatine
1,25 kg	Speisequark (20 % Fett)
150 g	Zucker
1 Pck.	Dr. Oetker Vanillin-Zucker
3–4 EL	Limettensirup (z. B. von Monin)
500 g	Schlagsahne

Für den Guss:
4 Blatt	weiße Gelatine
4–5 EL	Limettensirup (z. B. von Monin)
3 EL	Zucker
etwa 270 ml	Wasser

Zum Garnieren:
evtl. 3	Bio-Limetten (unbehandelt, ungewachst)

1. Das Backblech in den Ecken und in der Mitte einfetten und mit Backpapier belegen. Den Backrahmen darauflegen und in Backblechgröße ausziehen.

2. Für den Bröselboden Kekse in einen Gefrierbeutel geben und den Beutel verschließen. Kekse mit einer Teigrolle zerbröseln. Butter mit den Keksbröseln in einer Schüssel gut vermengen.

3. Bröselmasse in den Backrahmen geben und mit einem Löffel andrücken. Bröselboden kalt stellen.

4. Für den Belag Limette heiß waschen und trocken tupfen. Die Schale fein abreiben. Limette halbieren und auspressen.

5. Gelatine in kaltem Wasser nach Packungsanleitung einweichen. Quark mit Zucker, Vanillin-Zucker, Limettenschale und 3 Esslöffeln von dem Limettensaft glattrühren. Gelatine leicht ausdrücken und in einem kleinen Topf mit dem Limettensirup unter Rühren erwärmen (nicht kochen), bis sie völlig gelöst ist.

6. Die aufgelöste Gelatine mit einigen Löffeln der Quarkmasse verrühren, dann mit der restlichen Quarkmasse verrühren. Quarkmasse kalt stellen.

7. Sobald die Quarkmasse anfängt dicklich zu werden, die Sahne steifschlagen und vorsichtig unterheben. Sahnecreme auf den Bröselboden geben und glattstreichen. Kuchen kalt stellen.

8. Für den Guss Gelatine nach Packungsanleitung in kaltem Wasser einweichen. Limettensirup und Zucker verrühren, mit Wasser auf 330 ml auffüllen. Gelatine leicht ausdrücken, in einem kleinen Topf bei schwacher Hitze auflösen (nicht kochen). Die abgemessene Flüssigkeit nach und nach unterrühren. Den Guss kalt stellen, bis er zu gelieren beginnt. Den Guss auf den Kuchen gießen. Den Kuchen kalt stellen, bis der Guss fest ist.

9. Den Backrahmen mit einem Messer lösen und entfernen. Den Kuchen in Schnittchen schneiden.

10. Eventuell zum Garnieren Limetten heiß waschen, trocken tupfen und in dünne Scheiben schneiden. Die Kuchenoberfläche damit garnieren.

Tipp: Limettensirup gibt es als Konzentrat im Supermarkt oder Getränkefachhandel.

Kipferl-Schnitten

Zubereitungszeit: etwa 50 Minuten, ohne Kühlzeit
Insgesamt: E: 147 g, F: 663 g, Kh: 621 g, kJ: 38145, kcal: 9137, BE: 51,5

1 Backblech (30 x 40 cm), Backpapier, 1 Backrahmen

Zutaten:
weiche Butter oder Margarine
zum Einfetten

Für den Kipferl-Boden:
100 g	gehobelte Haselnusskerne
2 Pck. (250 g)	Vanille-Kipferl
150 g	Vollmilch-Kuvertüre
50 g	Halbbitter-Kuvertüre

Für die Creme:
10 Blatt	weiße Gelatine
300 g	Marzipan-Rohmasse
500 ml (½ l)	Milch
50 g	brauner Rohrzucker
600 g	Schlagsahne

Zum Garnieren:
150 g	Halbbitter-Kuvertüre
50 g	Schlagsahne
1 EL	Milch
30 g	gehobelte Haselnusskerne

1. Das Backblech in den Ecken und in der Mitte einfetten und mit Backpapier belegen. Einen Backrahmen auf das Backblech stellen und in Backblechgröße ausziehen.

2. Für den Kipferl-Boden die Nüsse in einer Pfanne ohne Fett goldbraun rösten, auf einen Teller geben und erkalten lassen. Die Kipferl in einen Gefrierbeutel füllen. Den Beutel verschließen. Die Kipferl mit einer Teigrolle fein zerbröseln.

3. Kuvertüre grob hacken und in eine Metallschüssel geben. Einen kleinen Topf ⅓ hoch mit Wasser füllen, die Schüssel in das Wasserbad setzen. Das Ganze bei schwacher Hitze erwärmen, bis die Kuvertüre unter gelegentlichem Rühren geschmolzen ist. Die Schüssel aus dem Wasserbad nehmen.

4. Geröstete Nüsse, zerbröselte Kipferl und Kuvertüre vermengen, auf dem Backblech verteilen und mit einem Löffel andrücken. Kalt stellen und fest werden lassen.

5. Für die Creme die Gelatine nach Packungsanleitung in kaltem Wasser einweichen. Marzipan-Rohmasse in kleine Stücke schneiden, mit der Hälfte der Milch in einen hohen Rührbecher geben und pürieren. Restliche Milch und braunen Zucker aufkochen und von der Kochstelle nehmen. Gelatine leicht ausdrücken, in die heiße Milch geben und unter Rühren darin auflösen. Marzipanmilch unterrühren. Die Masse kalt stellen.

6. Sobald die Marzipanmasse anfängt dicklich zu werden, die Sahne steifschlagen und unterheben. Die Marzipancreme auf dem Kipferlboden verteilen und glattstreichen. Den Kuchen mindestens 2 Stunden kalt stellen.

7. Zum Garnieren die Kuvertüre grob hacken. Sahne und Milch in einem kleinen Topf erhitzen (nicht kochen). Die Sahne-Milch von der Kochstelle nehmen. Die Kuvertürestücke unter die heiße Sahne-Milch rühren und schmelzen lassen. Kuvertüremasse abkühlen lassen und kalt stellen, bis sie dickflüssig ist.

8. Den Backrahmen mit einem Messer lösen und entfernen. Den Kuchen in Stücke schneiden. Auf jedes Stück mit einem Esslöffel etwas Kuvertüremasse geben und mit gehobelten Haselnüssen garnieren.

Fürst-Pückler-Eistorte

Zubereitungszeit: etwa 30 Minuten, ohne Gefrierzeit
Insgesamt: E: 61 g, F: 284 g, Kh: 408 g, kJ: 18623, kcal: 4453, BE: 34,0

1 Springform (Ø 26 cm), Backpapier

Zutaten:

Für den Tortenboden:

1 Pck.	
(100 g)	Blätterteig-Brezeln
50 g	Zartbitter-Schokolade
	(50 % Kakao)

Für Belag:

1 Pck.	
(750 ml)	Vanille-Eiscreme
1 Pck.	
(750 ml)	Schokoladen-Eiscreme
1 Pck.	
(750 ml)	Erdbeer-Eiscreme

Zum Garnieren und Verzieren:

250 g	Erdbeeren
50 g	Zartbitter-Schokolade
	(50 % Kakao)
1 TL	Speiseöl
1–2 EL	gemahlene
	Pistazienkerne
250 g	Schlagsahne

1. Einen Bogen Backpapier auf den Boden der Springform legen und mit dem Springformrand straff einspannen. Für den Tortenboden die Springform eng mit den Brezeln auslegen.

2. Die Schokolade grob hacken und in eine Metallschüssel geben. Einen kleinen Topf 1/3 hoch mit Wasser füllen, die Schüssel in das Wasserbad setzen. Das Ganze bei schwacher Hitze erwärmen, bis die Schokolade unter gelegentlichem Rühren geschmolzen ist. Schokolade in einen Gefrierbeutel füllen und eine Ecke abschneiden. Schokolade auf die Brezeln sprenkeln. Tortenboden gefrieren lassen.

3. Für den Belag alle Eiscremesorten etwas antauen lassen. Jede Eiscremesorte in einer Schüssel cremig rühren und in einen Spritzbeutel mit großer Lochtülle (Ø etwa 10 mm) füllen.

4. Für die erste Schicht Eiscreme, von außen nach innen, von jeder Eiscremesorte einen Ring auf den Tortenboden spritzen. Den Vorgang bis zur Tortenmitte wiederholen.

5. Die zweite Schicht Eiscreme auf die gleiche Weise aufspritzen, dabei mit einer anderen Sorte beginnen. Die Eiscremes in der zweiten Schicht aufbrauchen. Die Torte mindestens 3 Stunden gefrieren lassen.

6. Zum Garnieren die Erdbeeren abspülen, abtropfen lassen und trocken tupfen. Große Erdbeeren halbieren.

7. Schokolade mit Speiseöl im Wasserbad, wie unter Punkt 2 beschrieben, schmelzen. Die Erdbeeren etwa bis zur Hälfte in die Schokolade tauchen, etwas abtropfen lassen, mit der Schokoseite in den Pistazien wälzen und auf Backpapier trocknen lassen.

8. Den Springformrand mit einem Messer lösen und entfernen. Die Torte vom Backpapier lösen und auf eine Tortenplatte setzen. Die Sahne steifschlagen, in einen Spritzbeutel mit großer Lochtülle (Ø etwa 15 mm) füllen und, wie die Eiscremes, in Ringen auf die Torte spritzen. Die Erdbeeren auf der Torte verteilen.

Tipps: Um die Eiscreme-Ringe zügig spritzen zu können, verwenden Sie am besten Einmal-Spritztüten für jede Eiscreme-Sorte.
Nach Belieben anstelle der Blätterteig-Brezeln Löffelbiskuits (nicht zerbröselt) für den Boden nehmen.

Knusper-Eistorte

Zubereitungszeit: etwa 30 Minuten, ohne Gefrierzeit
Insgesamt: E: 35 g, F: 270 g, Kh: 216 g, kJ: 14628, kcal: 3486, BE: 18,0

1 Springform (Ø 18 cm), Backpapier

Zutaten:
Für den Tortenboden:

120 g	Waffeln ohne Füllung, z.B. Eiswaffelherzen
50 g	weiche Butter

Für den Belag:

3	Eigelb (Größe M, sehr frisch)
60 g	Zucker
1 Pck.	Dr. Oetker Vanillin-Zucker
60 g	Marzipan-Rohmasse
1 kleine	Bio-Saftorange (unbehandelt, ungewachst)
1 EL	Orangenlikör
300 g	Schlagsahne
125 ml (1/8 l)	Schoko-Eisglasur
einige	Bio-Orangenscheiben (unbehandelt, ungewachst)

1. Einen Bogen Backpapier auf den Boden der Springform legen und mit dem Springformrand straff einspannen. Für den Boden die Waffeln in einen Gefrierbeutel geben und den Beutel verschließen. Die Waffeln mit einer Teigrolle fein zerdrücken und in eine Schüssel geben.

2. Die Waffelbrösel mit der Butter vermengen, in die Form füllen, mit einem Löffel andrücken und gefrieren lassen.

3. Für den Belag Eigelb mit Zucker und Vanillin-Zucker schaumig rühren. Marzipan-Rohmasse auf einer groben Reibe raspeln, dazugeben und zu einer geschmeidigen Masse rühren.

4. Die Orange heiß abspülen und trocken tupfen. Die Orangenschale dünn abreiben, die Orange auspressen. Orangenschale und 2 Esslöffel Orangensaft mit dem Orangenlikör zu der Eigelbcreme geben und unterrühren. Die Sahne steifschlagen und unterheben. Die Creme in einer flachen Schüssel etwa 1 1/2 Stunden gefrieren lassen, bis das Eis streichfähig ist.

5. Die erste Schicht Eis etwa 3 cm dick auf den Waffelboden streichen und darüber eine dünne Schicht Schokoladenglasur geben, so dass das Eis bedeckt ist. Die Schicht kurz gefrieren lassen.

6. Dann die zweite Eisschicht einfüllen, mit Schokoladenglasur abdecken und wieder gefrieren lassen. So lange fortfahren, bis das Eis aufgebraucht ist. Die letzte Schicht sollte aus Eis bestehen. Die Torte mindestens 3 Stunden gefrieren lassen.

7. Die Torte aus der Form lösen und mit Schokoladenglasur besprenkeln. Die Orangenscheiben in kleine Ecken schneiden und die Eistorte damit garnieren. Zum Servieren mit dem elektrischen Messer schneiden.

Tipp: Die Orangenfilets zum Garnieren kurz gefrieren lassen und dann mit der Schokoladenglasur besprenkeln.

Kirsch-Eistorte

Zubereitungszeit: etwa 45 Minuten, ohne Abkühl- und Gefrierzeit
Insgesamt: E: 45 g, F: 312 g, Kh: 318 g, kJ: 18478, kcal: 4417, BE: 26,5

1 Springform (Ø 26 cm), Backpapier

Zutaten:
Für den Tortenboden:

175 g	Waffelröllchen mit Schokolade
100 g	Butter

Für den Belag:

3	Eier (Größe M, sehr frisch)
100 g	Zucker
3 EL	Kirschwasser oder Weinbrand
500 g	Schlagsahne
1 Pck.	Dr. Oetker Bourbon-Vanille-Zucker
250 g	Sauerkirschen

Zum Garnieren:

3 EL	Kirschkonfitüre

1. Einen Bogen Backpapier auf den Boden der Springform legen und mit dem Springformrand straff einspannen.

2. Für den Tortenboden Waffelröllchen in einen Gefrierbeutel geben. Den Beutel fest verschließen. Die Waffeln mit einer Teigrolle zerbröseln und in eine Schüssel geben. Butter zerlassen, zu den Waffelbröseln geben und gut verrühren. Die Masse gleichmäßig in der Form verteilen und mit einem Löffel gut andrücken. Den Boden gefrieren lassen.

3. Für den Belag Eier mit Zucker in einer Metallschüssel verrühren. Einen passenden Topf 1/3 hoch mit Wasser füllen. Die Schüssel in das Wasserbad setzen. Das Ganze erhitzen, dabei die Masse ständig mit Handrührgerät mit Rührbesen auf mittlerer Stufe rühren, bis sie dick-schaumig ist.

4. Die Schüssel aus dem Wasserbad nehmen. Die Masse erkalten lassen, dabei gelegentlich umrühren. Kirschwasser oder Weinbrand unterrühren. Sahne und Vanille-Zucker steifschlagen. Die Sahne unter die Creme heben.

5. Kirschen abspülen, abtropfen lassen, entstielen und entsteinen, den Saft dabei auffangen. Den aufgefangenen Saft und die Kirschen unter die Hälfte der Sahnecreme heben. Die Creme kuppelförmig auf den Tortenboden geben, dabei rundherum einen etwa 2 cm breiten Rand frei lassen.

6. Die restliche Sahnecreme vorsichtig esslöffelweise in die Springform auf die Kirschcreme und den frei gelassenen Rand geben und glattstreichen. Die Torte für mindestens 6 Stunden in das Gefrierfach stellen (am besten über Nacht).

7. Die Torte 1–2 Stunden vor dem Servieren aus dem Gefrierfach nehmen. Den Springformrand lösen und entfernen. Die Torte vom Backpapier lösen und auf eine Tortenplatte setzen.

8. Zum Garnieren die Konfitüre durch ein Sieb streichen und in einen Gefrierbeutel geben. Eine kleine Ecke des Beutels abschneiden. Die Torte mit der Konfitüre besprenkeln.

Tipps: Die entsteinten Kirschen können 1–2 Stunden vor der Zubereitung mit etwa 3 Esslöffeln Kirschwasser oder Weinbrand durchziehen.
Die Torte kann schon einige Tage vor dem Verzehr zubereitet werden.
Sie schmeckt auch mit Brombeeren (dann den Alkohol anpassen).
Für eine alkoholfreie Variante kann der Alkohol ersatzlos gestrichen werden.
Die Torte zusätzlich mit Eiswaffeln und Schokolocken garnieren.

Limetten-Eisschnitten

Zubereitungszeit: etwa 40 Minuten, ohne Antau- und Gefrierzeit
Insgesamt: E: 49 g, F: 204 g, Kh: 309 g, kJ: 13942, kcal: 3333, BE: 25,5

1 Kastenform (25 x 11 cm), Backpapier

Zutaten:

weiche Butter oder Margarine
zum Einfetten

Für den Sirup:

3	Bio-Limetten (unbehandelt, ungewachst)
100 ml	Wasser
120 g	Zucker

Für das Eis:

2 Blatt	weiße Gelatine
250 g	Keksröllchen (Flämische Röllchen)
2	Eiweiß (Größe M, sehr frisch)
300 g	Schlagsahne

Zum Garnieren:

150 g	Schlagsahne
1 EL	Zucker
1	Bio-Limette (unbehandelt, ungewachst)
1–2 EL	gemahlene Pistazienkerne

1. Die Kastenform an den Seiten und am Boden an mehreren Punkten leicht einfetten. Die Form mit Backpapier auslegen, das Papier an den Rändern überhängen lassen.

2. Für den Sirup 2 Limetten heiß abspülen, trocken reiben und die Schale sehr dünn abschälen. Alle Limetten auspressen, 75 ml Saft abmessen. Wasser, abgemessenen Limettensaft, Limettenschale und Zucker in einem kleinen Topf aufkochen. Offen etwa 10 Minuten einkochen lassen.

3. Die Gelatine nach Packungsanleitung in kaltem Wasser einweichen. Den Boden der Form mit Keksröllchen auslegen. Restliche Keksröllchen mit einem Sägemesser in etwa 1 cm breite Stücke schneiden.

4. Den Sirup durch ein Sieb gießen (ergibt 75 ml). Eiweiß mit Handrührgerät mit Rührbesen steifschlagen. Die Gelatine ausdrücken, in den heißen Sirup rühren und darin auflösen. Den heißen Sirup nach und nach mit den Rührbesen unter den Eischnee schlagen.

5. Die Sahne steifschlagen. Sahne und Keksstücke unter den Eischnee heben. Die Sahnemasse in die Form füllen, glattstreichen und mit Backpapier bedecken. Die Form in das Gefrierfach stellen. Eismasse mindestens 5 Stunden gefrieren lassen.

6. Das Eis etwa 30 Minuten vor dem Servieren aus dem Gefrierfach nehmen und in der Form etwas antauen lassen.

7. Zum Garnieren die Sahne mit Zucker steifschlagen und in einen Spritzbeutel mit Lochtülle (Ø etwa 10 mm) füllen. Die Limette heiß abspülen, trocken tupfen, die Schale in dünnen Streifen abschälen und quer in feine Streifen schneiden.

8. Das Eis auf eine Platte stürzen, das Backpapier entfernen. Das Eis mit Sahnetupfen und -streifen garnieren. Mit Pistazien und Limettenstreifen bestreuen. Das Eis mit einem Sägemesser in Scheiben schneiden.

Tipp: Die Limetten-Eisschnitten können einige Tage im Voraus zubereitet werden.

Kapitelregister

Abkürzungen

EL	=	Esslöffel
TL	=	Teelöffel
Msp.	=	Messerspitze
Pck.	=	Packung/Päckchen
g	=	Gramm
kg	=	Kilogramm
ml	=	Milliliter
l	=	Liter
evtl.	=	eventuell
geh.	=	gehäuft
gestr.	=	gestrichen

TK	=	Tiefkühlprodukt
°C	=	Grad Celsius
Ø	=	Durchmesser

Kalorien-/Nährwertangaben

E	=	Eiweiß
F	=	Fett
Kh	=	Kohlenhydrate
kcal	=	Kilokalorien
kJ	=	Kilojoule
BE	=	Broteinheiten

Alphabetisches Register

Hinweise zu den Rezepten
Lesen Sie bitte vor der Zubereitung – besser noch vor dem Einkaufen – das Rezept einmal vollständig durch. Oft werden Arbeitsabläufe oder -zusammenhänge dann klarer.

Zutatenliste
Die Zutaten sind in der Reihenfolge ihrer Verarbeitung aufgeführt.

Arbeitsschritte
Die Arbeitsschritte sind einzeln hervorgehoben, in der Reihenfolge, in der wir sie ausprobiert haben.

Backofeneinstellung
Die in den Rezepten angegebenen Backtemperaturen und -zeiten sind Richtwerte, die je nach individueller Hitzeleistung des Backofens über- oder unterschritten werden können. Bitte beachten Sie deshalb bei der Einstellung des Backofens die Gebrauchsanweisung des Herstellers und machen Sie nach Beendigung der angegebenen Backzeit eine Garprobe.

Zubereitungszeiten
Die Zubereitungszeit beinhaltet nur die Zeit für die eigentliche Zubereitung, die Backzeiten sind gesondert ausgewiesen. Längere Wartezeiten, z. B. Kühlzeiten, sind ebenfalls nicht mit einbezogen.

Für Fragen, Vorschläge oder Anregungen steht Ihnen der Verbraucherservice der Dr. Oetker Versuchsküche Telefon: 00800 71727374 Mo.–Fr. 8:00–18:00 Uhr, Sa. 9:00–15:00 Uhr (gebührenfrei in Deutschland) oder die Mitarbeiter des Dr. Oetker Verlages Telefon: +49 (0) 521 520650 Mo.–Fr. 9:00–15:00 Uhr zur Verfügung.

Oder schreiben Sie uns:
Dr. Oetker Verlag KG, Am Bach 11, 33602 Bielefeld oder besuchen Sie uns im Internet unter www.oetker-verlag.de oder www.oetker.de.

Umwelthinweis

Dieses Buch und der Einband wurden auf chlorfrei gebleichtem Papier gedruckt. Die Einschrumpffolie – zum Schutz vor Verschmutzung – ist aus umweltfreundlichem und recyclingfähigem PE-Material.

Copyright

© 2008 by Dr. Oetker Verlag KG, Bielefeld

Redaktion

Anke Rabeler, Berlin
Carola Reich

Lektorat

no:vum, Susanne Noll, Leinfelden-Echterdingen

Titelfoto
Innenfotos

Thomas Diercks, Hamburg
Fotostudio Diercks, Hamburg (S. 4–10, 14–20, 24, 28–36, 40–60)
Uli Hartmann, Halle/Westf. (S. 26)
Brigitte Wegner, Bielefeld (S. 12, 22, 38)

Rezeptentwicklung und -beratung

Anke Rabeler, Berlin

Nährwertberechnungen

Nutri Service, Hennef

Grafisches Konzept
Gestaltung
Titelgestaltung

kontur:design, Bielefeld
M·D·H Haselhorst, Bielefeld
kontur:design, Bielefeld

Reproduktionen
Satz
Druck und Bindung

Meyle + Müller GmbH & Co. KG, Pforzheim
JUNFERMANN Druck & Service, Paderborn
Firmengruppe APPL, aprinta druck, Wemding

ISBN 978–3–7670–0916–5